Kraft der Seele

Christa Spilling-Nöker
Paul Rustemeyer
Tassilo Deyer

Der verborgene
Zauber
der schwarzen
Turmaline

Herder Freiburg • Basel • Wien

Die
unendliche Weite
und glänzende Schönheit
des Kosmos
spiegelt sich
in deiner eigenen
Seele wider.
In dir selbst
strahlt eine Welt
voller Sterne
und beschenkt dich
mit dem unermesslichen Glück,
dass du ein Teil
des Ganzen bist.

Dem Dunklen in dir
die Gelegenheit verwehren,
in das Licht des Morgens
aufzusteigen.
Aufstehen, trotz allem,
was bleischwer niederdrückt,
und den Aufstand wagen
gegen die zähe
und lähmende Kraft.
Der Tag ist zu kostbar,
um ihn an die Nacht
zu verlieren.

Nichts mehr
erzwingen wollen,
nicht alles
haben müssen,
stattdessen
Freiheit atmen
und leben,
was ist.

Wenn das Licht
des Himmels
dich erst einmal
ergriffen hat,
kannst du dich
seiner Faszination
nicht mehr
entziehen.
In seligem Erschauern
findest du heim
zu dir selbst.

Die Höhepunkte
deiner Erfolge
voll auskosten können
und stolz sein dürfen
auf das, was dir geglückt
und gelungen ist.
Die Freude darüber
trägt dich durch deine
Enttäuschungen hindurch
und beflügelt dich wieder
zu neuem Schwung.

Nicht ein
Leben lang
Nachtfahrt,
flüchtig nur
und vorübergehend
in der Behausung.

Sehnsucht
nach Heimat,
und endlich
eines Morgens
ankommen dürfen
und bleiben.

Das Feuer der Liebe

und die Glut

der Leidenschaft,

die in dir brennen,

nicht verbergen,

sondern dich

hinreißen lassen

vom Rausch

der Begeisterung
und dem Überschwang
der Gefühle.

Nur Liebe

und Leidenschaft

entfesseln dich

aus dem Gefängnis

deiner Einsamkeit,

treiben dich hin

zur Begegnung

– zum Du –

Der Trauer
in ihren mannigfachen
Stimmungen
und ihrer oft so
unterschiedlichen Gestalt
Ruhe schenken
und Zeit lassen,
bis sie bereit ist,
dich wieder freizugeben
in einen neuen Morgen,
der dir vom Horizont her
schon mit lichtem Trost
entgegenkommt.

Sich abgrenzen,
nein sagen können
zu den vielfachen
Ablenkungen,
die von außen her
verführen wollen
zu einem
schillernden Leben
ohne Zentrum
und Ziel.

Bei sich selbst
bleiben,
auch die Zeiten
der Einsamkeit
in der Stille ertragen,
Kräfte neu
wachsen lassen:
Und die Begegnung
mit Seelenverwandtem
kommt nah.

Nichts geht verloren in der unendlich ewigen Zeit. Auch die zaghaftesten
Zeichen der Hoffnung, hineingeliebt in eine undurchsichtige, oft befremdlich
wirkende Welt,
werden bleiben

für immer.

Abstand gewinnen
von den Alltäglichkeiten.
Rückzug suchen
auf der Insel der Stille
und in dem
abgeschiedenen Raum
der Gefühle.
In der Begegnung
mit deiner eigenen Wahrheit
ahnst du den Lichtschein
einer anderen
Welt.

Plötzlich
und vielleicht völlig unerwartet
überkommt dich neue Hoffnung. Zart und mächtig
zugleich

ergreift sie dich in der Tiefe deiner Seele
und lässt deine gekränkte Kraft wieder gesunden.

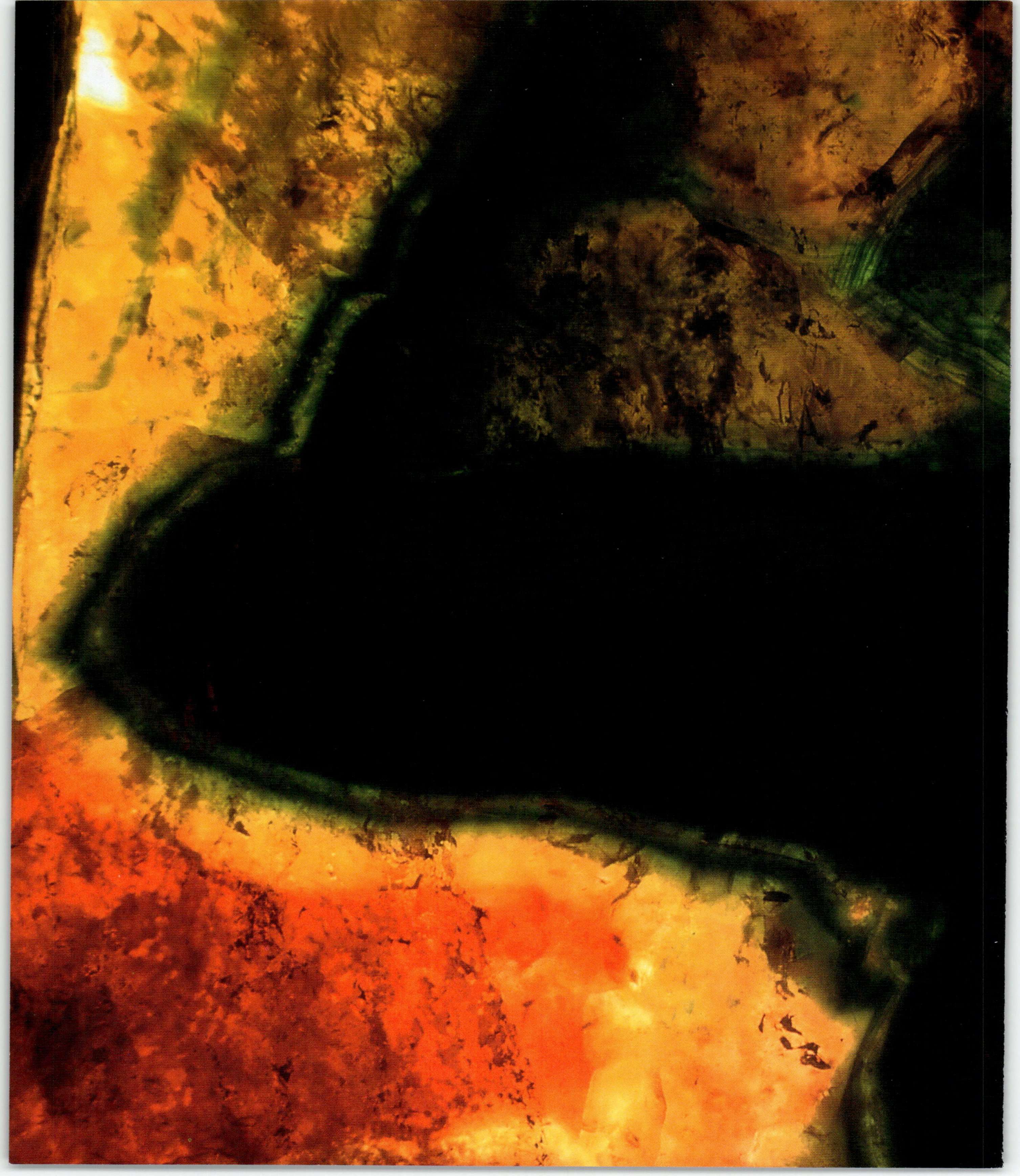

Wenn dein Herz einsam ist, zieht sich alles in deiner Seele zusammen, und der Druck

wird spürbar im Schmerz, der den ganzen Leib durchzieht. Erst die Berührung mit Vertrautem kann wieder etwas ahnen lassen vom Reichtum, den das Leben dir durch Wärme, Licht und Farben schenkt.

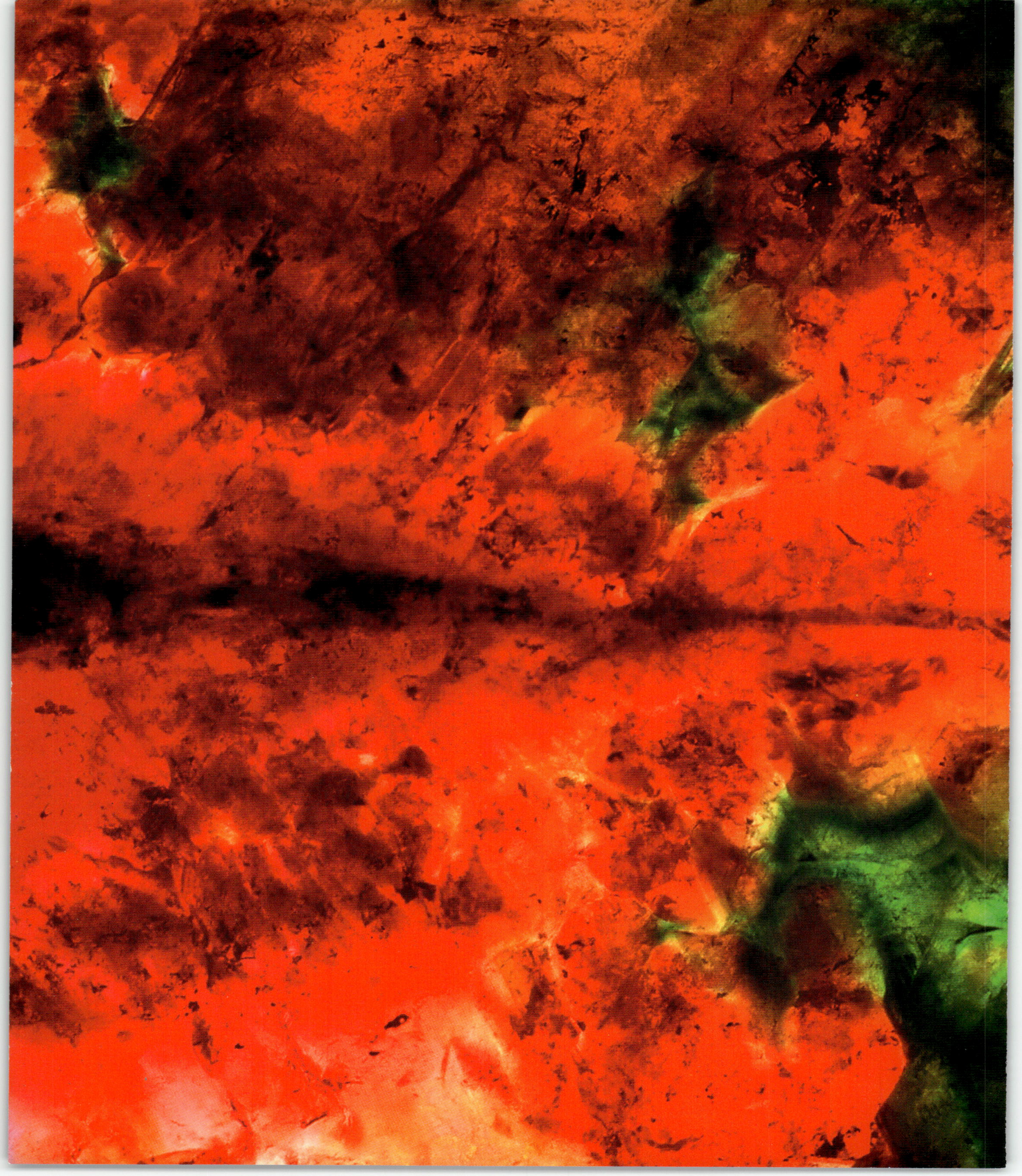

Spüre das Leben, das in deinen Adern pulsiert, Kraft, die nicht ruhen will,

bis sie
dein ganzes Wesen
ergriffen hat
und durchströmt.
Lass deine Energien
dich anregen
und bewegen,
jetzt endlich
auch nach außen
das zu leben,
was dir
so lange schon
in deinem Herzen brennt.

Es gibt Verletzungen, die heilen, und Wunden, die bleiben ein Leben lang. Schenk ihnen die Gelegenheit, dein Gespür für die Leiden anderer zu erweitern und deine Sensibilität zu vertiefen.

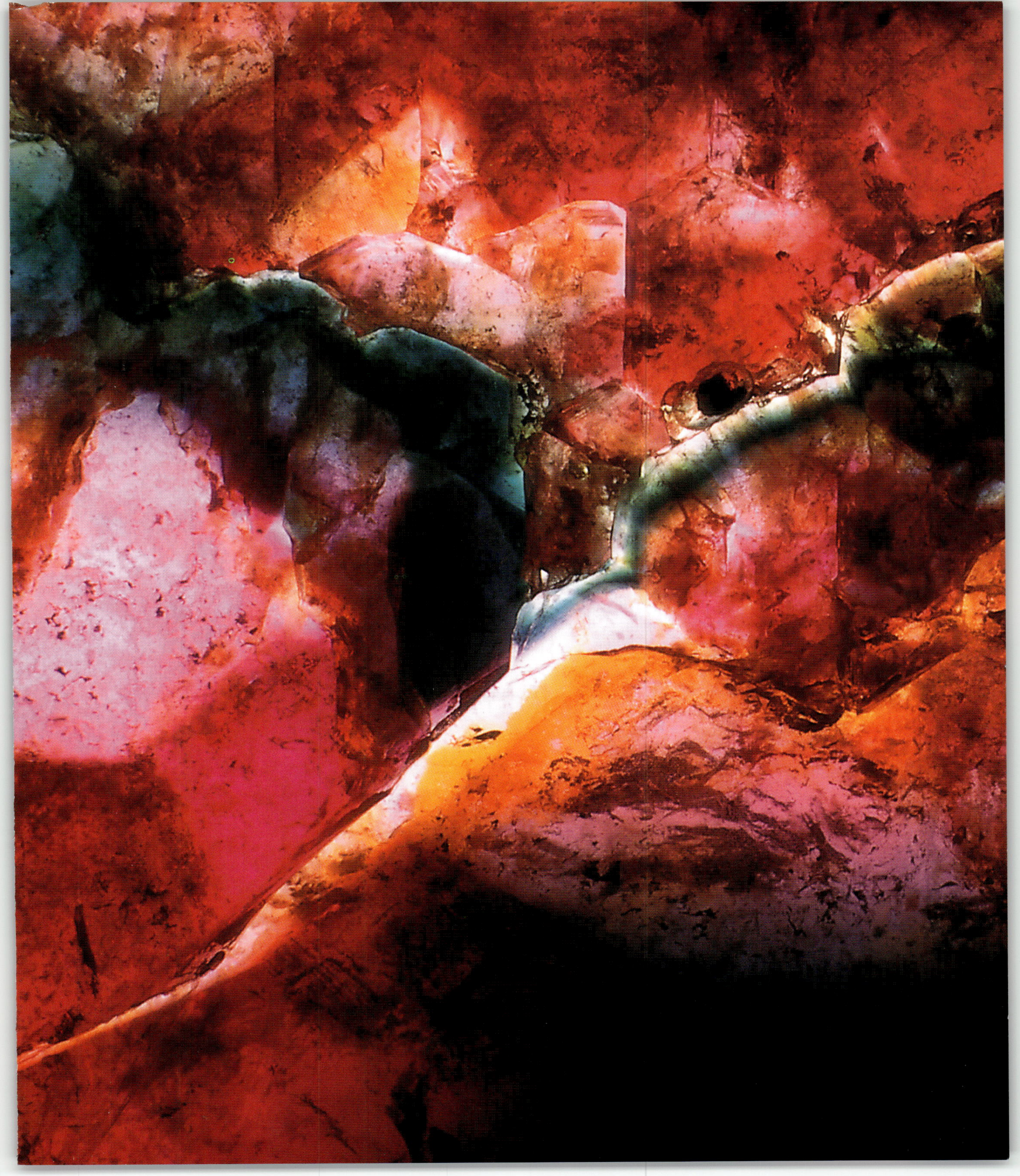

Manchmal, mitten am Tage
die Richtung ändern,
weg von all dem Gerede
und der übermäßigen Bilderflut.

Die Unruhe abstreifen,
still werden und
Wege nach innen suchen.

Der Simme der Seele
ein inneres Ohr schenken
und den aufsteigenden Bildern
ein aufmerksames Auge
und ein wachsames Herz.

Wenn du das Leben mit wachsamen
Sinnen erfasst und dich deiner
Sinnlichkeit mit Freude
und Lust hingeben
kannst, dann
stillt sich
im Stillen
dein
Verlangen
nach
Sinn.

Was wäre
die Angst
ohne die Gewissheit,
die Wut
ohne die Ausgeglichenheit,
der Hass
ohne die Liebe,
die Trauer
ohne den Trost?

Erst im Gegensätzlichen
spürst du,
wie spannend das Leben
im Ganzen ist.

Dem Tod will ich nicht
dienen, bevor mir meine
letzte Stunde
schlägt:

Der Gleichgültigkeit
will ich den Kampf ansagen
und den Egoismus mit dem Funken verbindender Liebe anstecken.
Der Einsamkeit will ich Gesellschaft schenken und der Not ein offenes Ohr.
Ich will meinen Mut in die Hand nehmen und tun,
was ich kann.

Heiter und gelassen
dich freuen können an dem, was jetzt,
in diesem Augenblick
in dir am Wachsen und am Werden ist.
Der Sommer blüht dir zwischen Knospe und Frucht.

Was will ich wirklich? Welchen Spuren soll ich ſolgen?
Wird sich der Auſbruch überhaupt lohnen?

Werde ich das Ziel ſinden, von dem mein Herz schon so lange träumt?

Nach zahllosen
kleinen Schritten
Tag für Tag,
Jahr für Jahr
endlich
mit sich selbst
ans Ziel kommen,
keine Fragen mehr
und kein Suchen,
alles in allem
einfach nur sein:
glückselig
sein.

Manchmal weißt du weder aus noch ein und denkst darüber nach, ob es nicht besser wäre, deinem Leben ein Ende zu machen. Doch ist die Nacht des Todes noch nicht bereit, dich zu empfangen, es träumen sich in deiner Seele neue Hoffnungsbilder, die dich schon bald mit ihrem lichten Glanz durchdringen wollen und Zuversicht neu lebbar machen.

Der Reichtum deiner Zärtlichkeit
durchstrahlt in faszinierender
Fülle alles, was dich umgibt,
und berührt in unendlicher
Zartheit den Himmel.

Versuche zu schützen, was in dir zerbrochen und zerstört ist, damit du dich in deiner Verzweiflung nicht selbst verlierst. Eines Tages wird wieder heilen, was zerfallen ist, wird sich das Zerstörte wieder fügen, wirst du wieder stark genug sein, dich dem Leben nach außen hin neu zu öffnen.

Durch das Unwesentliche hindurch das Wesentliche erkennen.

In der Aussichtslosigkeit Perspektiven vermuten. In der Nacht schon den Morgen träumen und im Sterben die Auferstehung erahnen, um im Licht des Himmels eine Hoffnung zu erspüren, die kein Ende mehr nimmt.

Sich ein Leben lang dem Vollkommenen nähern, der uns alles in allem
durchströmenden göttlichen Kraft, Energiefluss des Lebens,

der unser Dasein von Anbeginn an zur Erfüllung und Vollendung unserer einmaligen Existenz führen wird.

Verborgener Zauber

Der Turmalin ist ein zu den Ringsilikaten zählendes Mineral, das in vielen Ländern der Welt, vor allem aber in Südwestafrika, auf Madagaskar, in Brasilien, Kalifornien, Pakistan und Afghanistan zu finden ist. Er erscheint in zwei Ausprägungen: Sehr selten kommt er als bunt gefärbte Variante vor, dann ist er ein geschätzter Edelstein. Viel häufiger jedoch tritt der Turmalin in seiner pechschwarzen Varietät auf – dem so genannten Schörl.
Werden diese schwarzen Schörlkristalle in dünne Kristallscheiben von nur einem halben Millimeter Dicke zerschnitten, so scheinen sie immer noch pechschwarz und undurchdringlich. Erst wenn die Scheibchen durch vorsichtiges Abschleifen bis auf eine Restdicke von etwa einem Zehntel Millimeter ausgedünnt werden, kann eine Eigenfärbung erkennbar sein. Doch die ist meistens einfarbig blaugrau, braun, grün, manchmal auch tief dunkelblau. Nur mit etwas Glück ist ein dreistrahliger Stern als Strukturmerkmal enthalten.
So war der allgemeine Kenntnisstand – bis jetzt! Denn durch einen Zufall kam die wahre Wunderwelt der Steine ans Licht:

Tassilo Deyer, ein Spezialist auf dem Gebiet des Schneidens und Schleifens von Turmalinkristallen, war fasziniert von dem tiefen Blau, das er in einigen versuchsweise geschnittenen und geschliffenen Schörlkristallen gefunden hatte. Mit viel Erfahrung und Geschick, damit sie nicht zerbrachen, schliff er einen fingergroßen Kristall zu hauchdünnen Scheiben und entdeckte völlig unerwartet die interessantesten Feinstrukturen – mit Zeichnungen, deren Detailfeinheit und farbliche Brillanz mit einer Lupe gerade nur erahnt werden konnten.

Gemeinsam mit dem Chemiker und passionierten Mineralien-Fotografen Paul Rustemeyer begann er, Hunderte Schörlkristalle auf ihr Innenleben hin zu untersuchen. Das Ergebnis dieser auch mineralogisch sehr interessanten Entdeckung sind die voller Schönheit und innerem Zauber steckenden Turmalinlandschaften, die in ihrer Vielfalt hier erstmals veröffentlicht werden.

Gesamtgestaltung und Konzeption:
R·M·E, München, Roland Eschlbeck/Anna Schöll
Satz: Factory Two, München
Herstellung: L.E.G.O. Olivotto S.p.A., Vicenza 2001
ISBN 3-451-27673-9